GUIDE

DU

PROPRIÉTAIRE ET DU LOCATAIRE

LOCATIONS VERBALES, A L'ANNÉE ET AU MOIS.

USAGE

A RAMBOUILLET ET ÈS-ENVIRONS

POUR

Les Congés et les Déménagements, Réparations et Charges locatives,

PAR J.-B. RATTIER,

Conseiller municipal, membre de la Commission d'enquête sur *l'Usage des lieux*, auteur de la *Table Générale Analytique des Délibérations municipales*, de 1787 à 1855, etc.

> « La loi n'a pas de meilleur interprète
> « que *l'usage* ; lorsqu'elle est muette c'est
> « encore à *l'usage* qu'il faut recourir pour
> « suppléer à son silence. »
> MERLIN, *Répert. de Jurisp.*

PRIX : 50 CENTIMES.

IMPRIMERIE ET LIBRAIRIE DE RAYNAL, A RAMBOUILLET

1867.

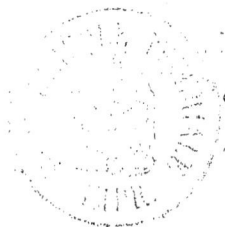

GUIDE

DU

PROPRIÉTAIRE ET DU LOCATAIRE

AVIS DE L'ÉDITEUR.

En raison des difficultés soulevées incessamment entre propriétaires et locataires, au sujet des délais à observer pour la signification des congés, et du temps à accorder pour les déménagements en matière de locations verbales à l'année et au mois, avec ou sans meubles, nous avons cru devoir, non dans un but de mesquine spéculation, mais uniquement en vue d'être utile à un grand nombre d'intéressés, publier dans cette petite brochure, dont le manuscrit nous a été gratuitement abandonné par l'auteur, les divers documents judiciaires et administratifs constatant, dans notre localité, *l'usage des lieux* auquel renvoie l'article 1754 du Code civil, pour les *règles particulières aux baux à loyer.*

NOTA. Le tribunal de première instance de Rambouillet a, plusieurs fois, étendu le *Réglement* ci-après rapporté aux différentes localités de l'arrondissement. « Ses décisions, en ce sens, échappent à la censure de la Cour supême. » (Arrêt du 23 octobre 1814, cité par Renoult dans son *Traité sur l'Usage général des lieux*, 1836).

GUIDE

DU

PROPRIÉTAIRE ET DU LOCATAIRE

LOCATIONS VERBALES, A L'ANNÉE ET AU MOIS.

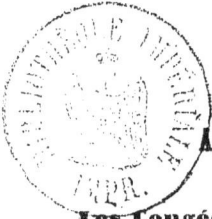

USAGE

A RAMBOUILLET ET ÈS-ENVIRONS

POUR

Les Congés et les Déménagements, Réparations et Charges locatives,

PAR J.-B. RATTIER,

Conseiller municipal, membre de la Commission d'enquête sur *l'Usage des lieux*, auteur de la *Table Générale Analytique des Délibérations municipales, de 1787 à 1855*, etc.

> « La loi n'a pas de meilleur interprète
> « que *l'usage ;* lorsqu'elle est muette c'est
> « encore à *l'usage* qu'il faut recourir pour
> « suppléer à son silence. »
>
> MERLIN, *Répert. de Jurisp.*

PRIX : 50 CENTIMES.

RAYNAL, LIBRAIRE-ÉDITEUR, A RAMBOUILLET.

1867.

SOMMAIRE.

1.

RÈGLEMENT

Du Bailliage et Duché-Pairie de Rambouillet, pour les locations verbales, à l'ANNÉE.

───────────

« *Du samedi 30 mai 1772.*

« A tous ceux qui ces présentes Lettres verront,
« Edme-René DE LAMUSTIÈRE, avocat au Parlement,
« bailli du bailliage et duché-pairie de Rambouillet, pour
« Mgr dudit lieu. Salut, savoir faisons que sur ce qui
« nous a été représenté par le procureur fiscal en ce
« bailliage, qu'il s'élève chaque année des contestations
« sur l'expiration des différentes locations des maisons
« de ce bourg et villages dépendants de ce duché, sur
« la nécessité et le temps où les congés doivent être
« signifiés. Que pour fixer à cet égard l'incertitude dans
« laquelle se trouvent tant les propriétaires que les prin-
« cipaux locataires et les sous-locataires particuliers, et
« prévenir la continuation desdites contestations, il serait
« à propos de faire un règlement dont la publicité ins-
« truisît les uns et les autres, même les huissiers de ce
« bailliage chargés, toujours directement, de la signifi-

« cation des congés, du temps où elle doit être faite
« relativement à la nature de la location. Qu'encore qu'il
« n'y ait aucune disposition précise à cet égard dans
« la coutume de Montfort, qui régit ce duché, ni même
« dans celle de Paris, il y a cependant un usage reçu au
« Châtelet de cette ville, constaté par un acte de notoriété
« délivré par M. Dargouges, lieutenant civil dudit Châ-
« telet, du 28 mars 1713. Qu'il croit ne pouvoir nous
« proposer rien de mieux que d'adopter cet usage, et
« d'en ordonner l'observation dans l'étendue de ce duché,
« en y apportant quelques modifications qu'exige la diffé-
« rence des lieux et des locations.

« Pourquoi nous requiert qu'il nous plaise, en ordon-
« nant que l'usage du Châtelet de Paris sera observé et
« suivi en ce bailliage, dire et ordonner :

« Que les baux, soit par devant notaires ou sous seings
« privés, seront censés finir et expirer au terme exprimé,
« sans qu'il soit besoin d'aucun congé ni avertissement
« de la part du propriétaire ou du locataire [1].

« Que conformément à l'usage anciennement observé
« en ce siége, toutes les maisons, chambres, greniers et
« autres lieux loués par une simple convention verbale,
« continueront d'être censés et réputés n'être loués que
« pour une année commençant au 11 novembre, jour de
« Saint-Martin d'hiver, et finissant au même jour de
« l'année suivante. Et cependant que les parties seront
« tenues de s'avertir par des congés signifiés, et sur les-
« quels les requérants pourront se dispenser d'obtenir de
« sentence, s'il n'y a opposition auxdites significations de
« congés, lesquelles oppositions pourront être formées

---

(1) Cette disposition est reproduite dans l'art. 1737 du C. C.

« dans la huitaine seulement de la signification des
« congés, passé lequel temps elles seront nulles, et le
« congé exécuté.

« Savoir : 1o Pour les maisons entières, auberges et
« boutiques d'épiciers, merciers, bouchers et boulangers,
« *de quelque prix que soient les locations*, SIX MOIS avant
« ledit jour de Saint-Martin [1].

« 2o Pour les portions de maisons, logements particu-
« liers, cabarets, bouchons et boutiques d'artisans dont
« la location sera de *cent livres et au-dessus*, TROIS MOIS
« avant ledit jour de Saint-Martin.

« 3° Et à l'égard des chambres particulières, greniers,
« écuries et autres lieux dont la location sera *au-dessous*
« *de cent livres*, SIX SEMAINES seulement avant ledit jour
« de Saint-Martin.

« Que les avertissements ci-dessus seront faits par le
« ministère d'huissier, en la forme ordinaire des congés,
« et signifiés *avant* les *onze mai, onze août* et *vingt-six*
« *septembre* de chaque année, de façon que l'intervalle de
« six mois, trois mois et six semaines, soit plein et en-
« tier, faute de quoi lesdits congés *seront nuls*.

« Que faute desdits avertissements ou congés signifiés
« dans le temps et dans la forme ci-dessus, toutes les-
« dites locations verbales seront et demeureront prorogées
« et continueront pendant l'année suivante, c'est-à-dire
« d'un jour de Saint-Martin à un autre, et ce d'année
« en année jusqu'à déclaration contraire de la part de
« l'une ou de l'autre des parties, en la forme et dans le
« temps par nous prescrit ci-dessus.

---

(1) Voir, à l'égard de cette disposition, la modification contenue en la
sentence ci-après rapportée.

« Dans les deux premiers cas, des locations de *cent*
« *livres et au-dessus*, sera accordé un délai de HUIT JOURS
« francs pour le déménagement, de façon que les lieux
« soient vides et que les clefs soient remises le vingt no-
« vembre, à midi, pour toute préfixion ; et pour les
« locations *au-dessous de cent livres*, TROIS JOURS seule-
« ment, de façon que les lieux soient vides le quinze du-
« dit mois, à midi.

« Ce que dessus aura lieu pour les maisons des villages
« et hameaux dépendants de ce duché, louées pour habi-
« tations simples, soit qu'elles aient clôtures, prés et
« pâtures, même trois arpents de terre labourable ; les-
« dites tenures dont la dépendance sera plus étendue et
« contiendra plus de trois arpents, outre les clôtures,
« prés et pâtures, seront considérées comme ferme, et à
« leur égard les locations seront réputées de *trois ans*, et
« les congés signifiés dans les mêmes temps que dessus,
« de *trois mois* et de *six semaines*[1], eu égard au prix de la
« location, mais avant le 15 avril de la troisième année,
« temps de la levée des guérets ; faute de quoi lesdites
« locations seront prorogées de trois ans.

« Que ledit règlement soit registré en notre greffe, lu,
« publié et affiché partout où besoin sera.

« En conséquence, et faisant droit au réquisitoire du-
« dit procureur fiscal, ordonnons qu'il sera exécuté en
« tout son contenu.

---

(1) Les locations verbales de biens ruraux finissent maintenant de plein
droit à l'expiration du temps pour lequel elles sont censées faites (*art.* 1774
et 1775 *du C. C.*); néanmoins, la loi n'ayant rien prescrit pour les *déménagements*, cet objet, même à l'égard des baux écrits, est réglé par *l'usage des
lieux*.

« Mandons, etc.

« Fait et donné par nous juge et bailli susdit, tenant
« l'audience le samedi 30 mai 1772. Signé : DE LAMUSTIÈRE
« et HOBIER, et scellé ledit jour.

« Publié le samedi 20 juin 1772, au marché de Ram-
« bouillet, par Legrain, fils.

« Collationné le 23 dudit mois. »

NOTA. A l'égard des Granges, *seules*, dont il n'est point
parlé dans ce règlement, Renoult, dans son ouvrage déjà
cité, rapporte qu'il est d'usage constant à Rambouillet que
« l'année est censée commencer et finir le jour de la Saint-
Jean-Baptiste (24 juin), à midi, » et que les congés doivent
être signifiés, savoir : Pour les locations de *cent francs
et au-dessus,* TROIS MOIS avant cette époque, et pour celles
au-dessous de cent francs, SIX SEMAINES SEULEMENT. »

2.

EXTRAIT
De la SENTENCE du 27 septembre 1777,
Interprétative du Règlement qui précède.

Cette sentence, du même bailliage, rendue contradic-
toirement entre le sieur Etienne Bunel et son épouse,
demeurant au Perray, et le sieur Jacques David, voitu-
rier au même lieu, contient le dispositif suivant :

« . . . . . . Et en interprétant notre règlement du
« 30 mai 1772, concernant les locations verbales. Disons
« que les maisons entières, composées de logements et
« écuries, seront comprises dans l'article 2 dudit règle-
« ment, lorsque la location ne sera que de *cent livres et
« au-dessous;* en conséquence, que les congés seront
« donnés TROIS MOIS seulement avant la Saint-Martin
« (11 Novembre). »

3.

DÉLIBÉRATION

Du Conseil municipal de Rambouillet pour les locations verbales,
au mois.

« Dans différentes localités l'*usage des lieux* a été
« attesté par des règlements qui avaient force
« de loi comme l'usage lui-même. »
Auteur déjà cité.

Séance du mardi 20 février 1838.

« Etaient présents : MM. Aubry, maire; Besnard,
« Rattier, Percheron, Vilbert, Renoult, Horeau,
« Harlé, Bourgeois, Valluet, Gautron, De La Motte,
« Huard, Morisot, Lefebvre, Mallet, Lemesle et
« Raynal, conseillers.

« Ce jour, en conséquence de l'ajournement indiqué
« au procès-verbal du 28 décembre 1837, le Conseil
« s'est réuni dans la salle ordinaire de ses séances, pour
« entendre la lecture du rapport de la commission pré-
« cédemment nommée [1], relativement à l'usage des lieux

(1) Cette Commission, présidée par M. Aubry, maire, était en outre
composée de MM. Renoult, De La Motte, Rattier, Horeau et Valluet,
conseillers.

« en matière de locations verbales, au mois, soit de
« meubles, soit d'appartements garnis.

« A l'ouverture de la séance, M. Renoult, l'un des
« membres de cette commission, fait rapport des ren-
« seignements qu'elle a recueillis pour établir l'usage
« en cette matière dans la ville de Rambouillet ; et après
« des explications qui ont eu lieu dans le sein du Conseil
« municipal sur quelques points importants de ce tra-
« vail, la résolution suivante a été prise à l'*unanimité*.

« Le Conseil municipal déclare : Que l'USAGE cons-
« tamment suivi dans la commune de Rambouillet, pour
« la durée des locations verbales de maisons et dépen-
« dances, et pour les délais des congés et des déménage-
« ments, est tel qu'il a été recueilli et expliqué dans
« un *Règlement du bailli de Rambouillet* du 30 mai 1772,
« et dans une *Sentence* interprétative dudit réglement,
« du 27 septembre 1777.

« Que, postérieurement à cette sentence, il s'est établi
« dans la ville de Rambouillet un usage particulier pour
« la location des meubles et pour celle des garnis, ainsi
« que pour les diverses locations faites à des militaires
« de la garnison ;

« Que, d'après cet usage particulier :

« 1° Les locations verbales, soit de meubles, soit d'ap-
« partements garnis, même lorsque ces appartements ont
« pour dépendances écuries, remises et jardins, ont lieu
« au MOIS réputé commencer le premier du mois, à moins
« de preuve contraire.

« 2° Toute location, même d'appartements non meu-
« blés, faite à des militaires de la garnison, est censée
« faite au MOIS.

« 3° Les congés, pour ces différentes locations, doivent

« être donnés *huit jours francs* avant la sortie ; de sorte
« que le congé pour le 1er janvier doit être donné le
« 23 décembre au plus tard. A défaut d'observation de
« ce delai, la location continue.

« 4° Dans le cas de départ des militaires, en vertu d'un
« ordre supérieur, la location cesse, sans congé, du jour
. « de ce départ, à la charge de donner connaissance de
« cet ordre au locateur, et de payer le loyer de la quin-
« zaine courante.

« 5° Les déménagements doivent être terminés et les
« clés doivent être remises à midi, le lendemain du jour
« de la cessation de jouissance.

« Fait et délibéré, etc. »

Nota. — L'usage constaté par la présente délibération
ne diffère en rien de celui observé à Versailles, et égale-
ment constaté par délibération municipale du 29 novembre 1837.

4.

DES RÉPARATIONS

ET CHARGES LOCATIVES EN GÉNÉRAL.

L'article 1754 du Code civil met à la charge du locataire, s'il n'y a clause contraire, toutes les réparations de menu entretien, réputées telles par l'*usage des lieux*, entre autres celles à faire :

Réparations
LÉGALES.

« 1° Aux âtres, contre-cœurs, chambranles et tablettes « des cheminées.

« 2° Au recrépiment du bas des murailles des apparte-« 'ments et autres lieux d'habitation, à la hauteur d'un « mètre.

« 3° Aux pavés et carreaux des chambres, lorsqu'il y en « a seulement quelques-uns de cassés[1].

« 4° Aux vitres, à moins qu'elles ne soient cassées par « la grêle ou autres accidents de force majeure dont le lo-« cataire ne peut être tenu[2].

---

(1) Est-ce à dire que lorsque le locataire en a cassé un plus grand nombre il cesse d'être tenu de les remplacer ? Telle n'a pas pu être la pensée du législateur : évidemment il y a là un vice de rédaction, car il est de principe général que le locataire répond indistinctement de toutes dégradations commises pendant sa jouissance, *à moins qu'il ne prouve qu'elles ont eu lieu sans sa faute* (art. 1732).

(2) Plusieurs auteurs pensent, avec raison ce me semble, qu'il n'y a pas

« 5° Aux portes, croisées, planches de cloison ou de
« fermeture de boutique, gonds, targettes et serrures. »

En outre des réparations susdésignées, Desgodets, son
annotateur Goupy et Lepage (*lois des bâtiments*) mettent
à la charge du locataire celles à faire :

Réparations « 1° Aux plaques en fonte des cheminées, lorsqu'elles
d'usage. « viennent à casser, et aux scellements qui les retiennent.

« 2° Aux croissants propres à retenir les pelles et pin-
« cettes. Le locataire doit remplacer et même fournir les
« croissants qui se trouvent descellés, perdus ou cassés.

« 3° Aux panneaux et battants des parquets, lorsqu'ils
« sont cassés ou enfoncés par violence.

« 4° Aux pavés des grandes cours ou remises, quand il
« se trouve quelques pavés hors de place. Quant aux pa-
« vés qui sont écrasés, cassés ou ébranlés, soit dans les
« cours et remises, soit dans les écuries, ils sont à la
« charge du propriétaire.

« 5° Aux pavés des cours où il n'entre pas de voitures,
« et à ceux des cuisines, le locataire est tenu de rempla-
« cer les pavés qui sont cassés et ceux qui manquent ;

« 6° Le lavage des vitres.

« 7° Aux verges de fer qui soutiennent les panneaux de
« plomb dans lesquels sont enchâssées les vitres.

« 8° Aux contrevents et volets, ainsi qu'à toute autre
« sorte de fermeture ; aux chambranles dés portes, aux
« embrasures des croisées et des portes, aux lambris
« d'appui et à ceux de hauteur de plancher, à toute espèce

---

lieu d'invoquer le cas de force majeure lorsque les vitres ont pu être garan-
ties par la fermeture des contrevents, persiennes ou volets existant à l'exté-
rieur.

« de cloison, et généralement à toutes les menuiseries
« d'une maison.

« 9o Si le locataire a fait percer, dans une porte ou
« dans une cloison, un trou de chatière, ou s'il a fait po-
« ser une serrure dans une autre place que celle où elle
« était, il est tenu de remplacer la partie endommagée
« par une planche neuve entière.

« 10o Aux dessus de portes ou autres tableaux, ainsi
« qu'à leurs bordures, et aux objets de sculpture et autres
« ornements.

« 11o Aux tringles de fer destinées à recevoir les ri-
« deaux, aux poulies pour le jeu des cordons, ainsi
« qu'aux croissants ou autres objets en fer propres à tenir
« les rideaux ouverts, si ces différents objets ont été lais-
« sés par le propriétaire.

« 12o Aux balcons, s'il y manque quelques pièces ou
« s'il y en a de cassées, ainsi qu'aux treillis de fer ou de
« laiton.

« 13° Aux glaces qui garnissent une maison : si le loca-
« taire les casse, il doit en rendre des neuves de mêmes
« qualité et dimension.

« 14o A la maçonnerie et aux devants de mangeoires
« dans les écuries ; aux râteliers et à leurs roulons; aux
« piliers ou poteaux et aux barres servant à la séparation
« des chevaux.

« 15o Le ramonage des cheminées.

« 16o Aux carreaux et grilles des fourneaux des cui-
« sines.

« 17o A l'aire et à la chapelle des fours.

« 18o Aux pierres à laver, lorsqu'elles sont cassées ou
« écornées par le fait du locataire ; aux grilles à l'orifice
« des tuyaux, lorsqu'elles sont enfoncées ou rompues.

« 19° Aux auges en pierre, lorsqu'elles sont cassées ou
« écornées par le locataire, sauf la preuve contraire de
« sa part.

« 20° Aux poulies des puits, aux mains de fer, aux pou-
« lies des greniers et aux chapes desdites poulies.

« 21° Aux pistons, tringles et balanciers des pompes.

« 22° Aux vases de faïence, de fer ou de fonte, et aux
« caisses et bancs qui servent à l'ornement des jardins. »

A ces réparations d'usage, Renoult, se fondant sur ce
qui se pratique habituellement à Rambouillet, ajoute celles
à faire :

« Aux aires en terre des granges et greniers. »

Etant ici observé :

1° Que le bailleur est tenu de délivrer la chose louée en
bon état de réparations de toute espèce (*art.* 1720 *du C. C.*)

2° Que, lorsqu'il a été fait un état de lieux, le preneur
doit rendre la chose telle qu'il l'a reçue, excepté ce qui a
péri ou a été dégradé par *vétusté ou force majeure*
(*art.* 1730).

3° Qu'à défaut d'état de lieux, le preneur est pré-
sumé les avoir reçus en bon état, sauf preuve contraire
(*art.* 1731).

4° Qu'aucune des réparations réputées locatives, n'est
à la charge du locataire, lorsqu'elles sont occasionnées
par *vétusté ou force majeure* (*art.* 1755).

5° Et que celles de ces réparations, qui sont à · faire
dans les cours, passages, escaliers et autres lieux com-
muns, de même qu'aux pompes ou autres objets *servant
à plusieurs,* restent à la charge du propriétaire, sauf son
recours contre l'auteur des dégradations (*opinions, usages
et jurisprudence conformes*).

L'opinion des auteurs cités à l'égard de ces diverses réparations, étant fondée sur la pratique de la ci-devant coutume de Paris, observée à Rambouillet pour les locations verbales [1], il ne saurait être douteux qu'il dût en être de même des réparations locatives; et à cet égard, je constate ici, sans crainte d'être contredit, que depuis près de cinquante ans que je m'occupe, dans ma ville natale, de tout ce qui a rapport au bâtiment — constructions, locations et réparations, — il n'a jamais été rien décidé, soit arbitralement, soit judiciairement, qui ne soit en parfait rapport avec l'usage sus-rapporté.

Quelque nombreuses que soient déjà les réparations mises à la charge du locataire, je pense qu'en raison des divers changements survenus dans les détails de la construction du bâtiment, il convient d'y ajouter encore comme complément à l'*usage*, et par analogie avec certaines autres réparations reconnues locatives, celles applicables aux objets ci-après :

Réparations réputées locatives par ANALOGIE.

1° Châssis, rideaux et faïences des foyers de cheminée [2].

2° Jalousies, stores et vasistas [3].

3° Poêles et calorifères [4].

4° Fourneaux de buanderie et de bains [5].

5° Réservoirs en menuiserie, garnis de plomb ou zinc, et accessoires [6].

(1) Voir réquisitoire du procureur fiscal (*Règlement du bailliage*).
(2) No 1 des réparations légales.
(3) Nos 7 et 8 des réparations d'usage.
(4) Nos 1, 15 et 17 des réparations d'usage.
(5) Nos 16 et 17 des réparations d'usage.
(6) No 19 des réparations d'usage.

6o Sonnettes ou timbres d'appel[1].

7o Patères ou Porte-manteaux, en métal ou bois[2].

8o Loqueteaux, tirages, arrêts ou crochets de persiennes[3].

9o Cuvettes et appareils inodores[4].

Charges locatives, Portes et Fenêtres.

Sont aussi à la charge du locataire (*art.* 12 *de la loi du 4 frimaire an* VII), la contribution des portes et fenêtres, acquittée par le propriétaire, et les centimes additionnels ajoutés à cette même contribution. Le remboursement en est dû par le locataire encore qu'il n'en soit rien dit dans le bail, et le propriétaire peut le lui réclamer «*après plusieurs années*, nonobstant l'absence de réserve dans la quittance du loyer » (*arrêt de cass.*, 26 *octobre* 1814).

---

(1) No 11 des réparations d'usage.
(2) No 11 des réparations d'usage.
(3) No 5 des réparations légales.
(4) No 22 des réparations d'usage.

5.

MÉTHODE

. A observer pour les Déménagements et Emménagements.

———————

Il est à remarquer que le règlement du bailliage, dans ses dispositions relatives aux déménagements, en statuant sur les délais à accorder pour la sortie et la remise des clés, n'a rien prescrit à l'égard de la manière dont doit s'opérer l'échange des lieux dans le commun intérêt du sortant et de l'entrant. Bien que l'absence de cette prescription n'ait donné lieu, jusqu'à présent, qu'à d'assez rares difficultés, néanmoins comme il se rencontre encore de temps à autre des gens disposés à mettre tous les avantages de leur côté, il m'a paru nécessaire, pour éclairer chacun sur la mesure de ses droits et obligations, de rapporter ici l'opinion du savant annotateur du Code civil, opinion entièrement conforme à l'usage observé dans cette localité, tant pour les maisons d'habitation que pour les bâtiments ruraux.

« Il me semble, dit PAILLET, que le locataire soit d'un « appartement complet, soit d'un corps de logis, soit « d'une maison, ne doit pas profiter *seul* des huit ou « quinze jours accordés par l'usage pour son déména- « gement, et que la moitié du délai, quel qu'il soit, doit

« appartenir à celui qui lui succède dans le local, afin
« que celui-ci puisse à son tour en faire autant vis-à-vis
« de son successeur, ce qui est facile à l'exécution ; car
« pendant la durée de la première moitié du délai de
« grâce, chaque locataire peut s'arranger pour déména-
« ger et vider la moitié de l'appartement ou de la maison
« qu'il occupe, et y faire exécuter les réparations loca-
« tives, de manière que, pendant la durée de la deuxième
« moitié de ce délai, on fasse, non seulement l'emména-
« gement de tout le mobilier dans la moitié du nouvel
« appartement vide, mais encore les réparations loca-
« tives dans tout le reste de l'appartement que l'on
« quitte. Il est facile de sentir que si un tel mouvement
« ne s'opère pas toujours dans un ordre aussi métho-
« dique, ce ne peut être que par la faute, l'entêtement
« ou la malveillance de certains locataires qui ne voient
« jamais rien de juste que ce qui peut les arranger et
« convenir à leur intérêt, et qu'alors il en résulte beau-
« coup plus d'inconvénients et d'embarras. »

Nota. — N'entendant comprendre et traiter dans
ce recueil que ce qui a rapport à l'*usage des lieux*, ap-
pliqué aux maisons d'habitation proprement dites, je
crois devoir renvoyer à l'ouvrage de Renoult pour tout
ce qui concerne les facilités à accorder par le *sortant* à
l'entrant, ainsi que pour les réparations à faire aux
moulins et bâtiments ruraux : curage des pièces d'eau et
des fossés; entretien des clôtures et émondage des haies;
remplacement d'arbres fruitiers, etc., etc.

J.-B. RATTIER.

FIN.

Imprimerie de RAYNAL, à Rambouillet.

www.ingramcontent.com/pod-product-compliance
Lightning Source LLC
Chambersburg PA
CBHW050431210326
41520CB00019B/5884